WEB 2.0 :

NOUS sommes VOTRE entreprise !

ETI - PME - PMI - Elus,

à quand votre stratégie d'e-réputation ?

© 2013, HOLLE BONNISSEAU
Edition : BoD - Books on Demand
12/14 rond-point des Champs Elysées
75008 Paris
Imprimé par Books on Demand, Norderstedt, Allemagne
ISBN : 9782322030194
Dépôt légal : janvier 2013

L'e-réputation est la gestion de sa présence en ligne. Le mot « gestion » est important car il ne suffit pas d'être présent sur la Toile via un site internet. Il faut gérer son image en temps réel à travers une multitude de supports : réseaux sociaux, médias sociaux, forums de discussions, blogs sont autant de lieux d'expression écrite qui peuvent parler de l'entreprise, de ses produits, des prises de positions d'un élu, parfois – voire, souvent - à leur insu. Il ne suffit donc plus aujourd'hui d'être en veille, il faut mettre en place une stratégie d'e-réputation.

Ce document est à destination d'un public novice et intéressé par le développement d'une stratégie Web d'e-réputation, en particulier les chefs d'entreprises, élus ou dirigeants d'agence de communication. Elle est issue de sources variées, articles spécialisés, encyclopédie Web etc. Les anglicismes utilisés sont la conséquence directe du sujet traité.

SOMMAIRE

I - **Chiffres et comportements propres au Web 2.0**

1.1 -	Exponentiels, *ex potentiels* ?	p.6
1.1.1 -	Un phénomène d'ampleur...	p.6
1.1.2 -	...et des comportements bien spécifiques	p.7
	• Les avatars : identité réelle/identité masquée ;	p.8
	• Une communication de la relation ;	p.9
	• Des valeurs en contradiction avec les valeurs traditionnelles de l'entreprise ;	p.9
	• Le taux de fréquentation : indicateur d'intérêt général ;	p.9
1.2 -	Les trois clés de l'e-relation : V-E-V	p.11
1.2.1 -	V comme Vente	p.11
1.2.2 -	E comme Emploi	p.12
1.2.3 -	V comme Veille	p.13
1.3 -	Les postulats de base de la communication Web 2.0	p.14
1.3.1 -	Exister = produire pertinemment	p.14
1.3.2 -	Social links means honesty	p.15
1.3.3 -	L'instantanéité des échanges	p.15

II - **Concevoir sa stratégie d'e-réputation** p.18

2.1 -	Démarche et positionnement	p.19
2.1.1 -	L'audit de présence numérique en 6 points	p.19
2.1.2 -	Les quatre marches de l'e-réputation	p.20
2.1.3 -	Supports, objectifs et audiences	p.21
2.2 -	Quelle solution choisir ?	p.23
2.2.1 -	Les logiciels	p.23
2.2.2 -	Recruter ou Outsourcer	p.24
2.3 -	Quel R.O.I ?	p.27
	Conclusion	p.29
	Sommaire des illustrations	p.30
	Sources, auteur et prestations	p.30

1ère partie

LES CHIFFRES ET COMPORTEMENTS PROPRES AU WEB 2.0

1ère partie

LES CHIFFRES ET COMPORTEMENTS PROPRES AU WEB 2.0

Le networking et la gestion de l'e-relation est un marché évalué à 460 millions de dollars en 2008 ; 3,1 milliards en 2013[1], autant dire incontournable. D'autant plus que les générations de consommateurs à venir sont des « natifs web », la génération Y^2. On ne peut faire autrement que de s'intéresser à leur monde informatique si l'on veut en faire nos futurs clients.

Investie par les grands groupes depuis presque 10 ans déjà, essentiellement des entreprises côtés, high tech, ou travaillant sur des secteurs à l'image pouvant être controversée ; l'e-réputation demeure encore trop ignorée des Entreprises de Tailles Intermédaires, PME et PMI.

Crainte des risques, méconnaissance des potentialités du réseau, manque de compétences ? Quelles qu'en soient les raison, le développement d'une stratégie de communication corporate[3] autour des réseaux sociaux est aujourd'hui incontournable. Cela concerne certainement les entreprises mais aussi des personnalités publiques comme les élus, dont le déficit de présence web est régulièrement souligné[4].

1 -1 Exponentiels ; *ex potentiels* ?

1.1.1 – Un phénomène d'ampleur ...

48% des entreprises ont mis en place une veille sur ce qui se dit de leur entreprise sur les médias sociaux et 21 % ont une réflexion et un projet en cours. 13% indiquent avoir mis en place des applications de veille payantes.[5]

Un quart de la population mondiale est connectée à internet, et **un peu plus de la moitié des utilisateurs de Twitter recommandent** des

---

[1] Prévisions BIA/Kelsey
[2] génération des 18/30 ans
[3] Institutionnel
[4] *Les députés et internet : profil du député 2.0 et palmarès* sur www.elus20.fr
[5] Observatoire SAD / IDC des médias sociaux en France (Juin 2011)

produits et des services sur le site de microblogging. La recherche d'informations et d'avis de consommateurs est quasiment systématique avant d'effectuer un achat ou de conclure un contrat de service.

Facebook compte 31 millions d'inscrits en France (71% des français de 11 ans et plus), 36 millions en Allemagne, 37 millions en Inde et 155 millions aux USA[6]. En Asie-Pacifique, un internaute sur deux surfe sur les réseaux sociaux, les Philippines étant le champion de la région en la matière.

Signe des temps, l'offre de formation initiale de niveau bac+3 à bac+5 se développe avec des formations dédiées en France. L'entreprise d'assurances Axa publie un *guide du bon sens numérique* à l'attention de ses lecteurs internautes[7]. La compagnie d'assurance Swiss Life ouvre le marché mondial des contrats d'assurance dédié à la protection de l'image en ligne des particuliers[8] : 9,90€/mois contre toute atteinte à votre e-réputation (juristes dédiés, nettoyage de le Toile). De 13 à 20€ chez Axa pour la prévention des risques numériques (usurpation d'identité, utilisation frauduleuse de moyens de paiement…).

Côté prestations, 120 acteurs principaux composeraient aujourd'hui le marché français, ce qui paraît très peu au regard du potentiel du marché :
- éditeurs de logiciels (Digimind, Synthesio etc.) ;
- départements digitaux d'agences de publicité et de communication (TBWA Watch, Euro RSCG C&O…) ;
- agences digitales (Nurun, Human to Human, Image et Stratégie…) ;
- agences de relations publiques et de relations presse (Wellcom, Le Public System) ;
- agences de lobbying (Affaires publiques consultants…).

> → 1/4 de la population mondiale est connectée
> → Combien de vos clients/électeurs & salariés ?

---

[6] Journal du net, 09/01/12
[7] http://www.axaprevention.fr/Documents/fichiers_pdf/AXA_GUIDE_BSN.pdf
[8] SwissLife e-réputation - http://www.swisslife.fr/Dommage/Protegez-votre-image

1.1.2 – ... et des comportements bien spécifiques.

A nouveaux publics, nouveaux supports, nouveaux messages, nouveaux liens. L'e-destinataire des messages de marques ou d'entreprises n'est pas tant une cible qu'un interlocuteur informé, exigeant et doué de parole. Les comportements physiques auxquels nous sommes habitués ne sont pas transposables sur le web. L'internaute qui cherche des réponses à ses questions, veut VOIR (vidéo – impactant, rapide, divertissant) et ECHANGER sur son cas (chat, forums). Cela induit de nouveaux modes de fonctionnement pour de la communication d'entreprise.

● Les avatars : identité réelle / identité masquée

Un avatar est la représentation numérique d'un internaute. Le terme est dérivé de la tradition hindoue mais sur le net il représente la personne qui l'a crée et apparaît chaque fois que celui ci se connecte ou intervient dans un débat. Il peut être généré automatiquement où être crée par l'internaute. Ce peut- être une image, un sigle, un symbole, une forme, voire une photo. Toujours est-il que vous ne savez pas forcément qui se cache derrière et que la réaction aux commentaires doit être prudente.

Il en est de même pour les pseudonymes (*pseudos*), auxquels ont souvent recours les internautes désirant masquer leur identité réelle ou préférant intervenir sur certains sites, pour x raisons, de manière anonyme.

Exemples d'avatars

L'anonymat induit a deux conséquences :
- Elle libère l'expression écrite : on réagit de manière plus posée sous son patronyme que derrière un masque ;
- Elle oblige à identifier ses interlocuteurs avant de leur répondre: il faut savoir à qui l'on parle pour savoir comment lui parler .

● Une communication de la relation

D'une communication de la promotion avec des moyens traditionnels (affichages, pub TV, spots radio..), nous sommes entrés dans une communication de la relation où l'élément humain est primordial. Les discours commerciaux sont déconsidérés au profit d'un désir de sens, d'honnêteté des messages et de relation d'égal à égal. Monsieur tout-le-monde à le même droit à l'expression que les plus grandes firmes. L'entreprise doit s'insérer dans un espace, sans se croire au-dessus ou plus forte que les autres.

L'outil internet rend la communication web simple et directe. Elle doit aussi être réfléchie et impactante pour marquer les esprits. Cela se traduit notamment par le développement exponentiel du format vidéo[9].

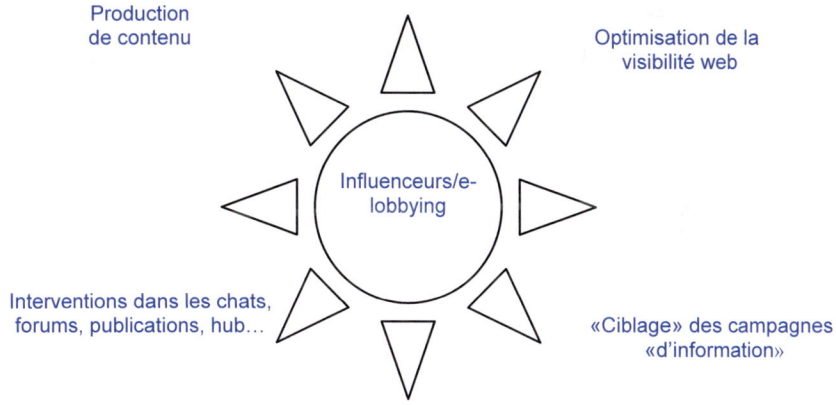

Les différentes dimensions d'une stratégie d'e-réputation

---

[9] 29,4 millions de Français regardent de la vidéo en ligne sur YouTube (n°1) ; Facebook (n°2 !) et Dailymotion (n°3) – Médiamétrie//Netratings février 2012.

● **Des valeurs web en contradiction avec les valeurs traditionnelles de l'entreprise**

Les valeurs du web social viennent bousculer l'ordre traditionnel des entreprises, le plus souvent basées sur des idées de hiérarchie, compétition, individualisme, pouvoir. A l'exact opposé de tout cela, les médias et réseaux sociaux sont fondés sur l'écoute, le respect, le partage, la transparence, le souci de la valeur ajoutée, la création de liens, l'empathie. Une vraie révolution culturelle qui ne se fera qu'avec l'adhésion pleine et entière de la hiérarchie de l'entreprise.

● **Le taux de fréquentation d'un site : un indicateur majeur d'intérêt général**

Au même titre qu'un journal à grand tirage sera recherché par les annonceurs, un site fortement visité aura une visibilité et une crédibilité largement supérieur aux autres, quel que soit son contenu. Plus le site sera fréquenté, plus il fera autorité auprès du plus grand nombre.
Les règles de référencement naturel des sites renforcent cette loi de l'internet : plus un site est jugé pertinent (ie *consulté*) par les internautes, mieux il sera référencé. Et si les discours ou messages lus convergent, leur crédibilité est inéluctable pour l'internaute lambda.

Le cycle de crédibilité

D'un marché plus ou moins passif de veille stratégique, nous sommes passés à un marché de **gestion active de l'e-réputation**.

> → L'internaute n'est pas un client lambda, il veut être considéré ;
> → Les discours doivent converger pour être crédibles (adhésion du plus grand nombre) ;
> → Le web est un outil de promotion/propagande
> → Aviez-vous déjà ces repères en tête ? êtes-vous - vous-même- en accord avec cela ? et votre communication d'entreprise ?

1.2 – Les 3 clés de l'e-relation : V - E - V

Aujourd'hui, les quelques entreprises qui ont des community manager les recrutent pour entretenir un dialogue avec leurs communautés d'internautes. L'expérience montre qu'il faut avoir une vision plus large de l'e-relation, appelée à devenir **un département entier et transversal de l'entreprise.**

Et c'est peu dire qu'il faille le créer car il existe déjà virtuellement. L'e-relation est spontanément une discipline totalement transversale de l'entreprise, touchant tant à la vente, au recrutement qu'à la communication corporate.

1.2.1 - V comme VENTE

Nous parlons tous de ce que nous consommons. Produits, services ou personnes sont des sujets de conversations quotidiens. Chacun d'entre nous est vecteur de produits et de marques. Et c'est encore plus vrai sur le net : en moyenne, une réponse apportée à un problème serait en effet consulté par neuf autres internautes dans le même cas.

Maintenir le dialogue avec sa communauté permet de déceler les imperfections de ses services et donc, de s'adapter aux besoins du client : les traditionnels panels de consommateurs sont désormais sur la toile. Il n'y a qu'à analyser les données informatiques fournies par les tableaux de bord divers et variés pour connaître le profils des internautes et cibler ses campagnes.

L'objectif du web social n'est pas une communication unidirectionnelle, « descendante » vers les consommateurs, mais d'<u>être à l'écoute</u> des consommateurs.

La tendance des ces dernières années est en effet plutôt à la baisse de confiance dans l'action marketing, à l'hyper fragmentation de l'audience, à la diminution de l'attention des consommateurs. Ajoutées aux nouvelles capacités d'expression et à la possibilité d'impacter une image ou des comportements d'achats, on comprendra l'importance de l'e-relation. Elle est devenu le support essentiel de l'action marketing pour tout produit ou service.

Il en est de même en termes publicitaires car devant la dégradation de la rentabilité publicitaire classique, les sociétés commerciales investissent les médias sociaux. Les recettes publicitaires de Facebook grimpent de 109% par mois[10].

> → Bénéfices marketing et vente :
> les attentes clients sont ciblées / le service client est désengorgé
> → Comment l'intégrer à votre organisation d'entreprise ?

1.2.2 - E comme EMPLOI

N'oublions pas que **l'image de l'entreprise est également vecteur de recrutement**. Le demandeur d'emploi sera plus enclin à postuler dans une entreprise dont la réputation lui convient que le contraire. Cela est particulièrement vrai sur les réseaux sociaux professionnalisant du type Viadéo ou Linkedin.

Outre le fait qu'ils véhiculent une image, ces réseaux sont également devenus des vecteurs de recrutement par la publication d'annonces ciblées et parfois plus pointues que sur les sites de recherche d'emplois classiques. On y trouve également les profils professionnels complets et à jour d'un grand nombre de personnes, y compris, sans aucun doute, certains de vos salariés. Cela induit un état de veille permanent et un potentiel de mobilité professionnelle nouveau. Quiconque est quelque peu actif sur son profil peut potentiellement être contacté directement et discrètement.

> → Bénéfices recrutement :
> Quelle est la réputation de cette entreprise, vais-je travailler pour elle ? Mon emploi chez elle valorise-t-elle mon profil ?

---

[10] JdN, 10/02/12

1.2.3 - V comme VEILLE

Historiquement, seuls quelques cadres de l'entreprise avaient le monopole des relations extérieures. Aujourd'hui, quiconque à un profil sur un réseau social, qui plus est professionnel comme LinkedIn ou Viadeo, devient un **vecteur de communication externe**, ambassadeur ou détracteur d'une image. Les équipes marketing et recrutement ne peuvent pas ignorer ce phénomène[11] ; elles doivent au contraire inviter leur collègues à participer à la politique de communication produit ou RH pour attirer de nouveaux clients et/ou employés.

Sur une sélection de profils volontaires, il peut en effet être intéressant, voire stratégique, **d'associer les salariés à la gestion de l'e-réputation de leur entreprise**. Il s'agira par exemple de leur fournir des données à intégrer à leurs profils (présentation Slideshare, vidéo ludiques) ; leur demander de publier une copie de telle ou telle information sur Twitter ; ajouter un lien vers le site de l'entreprise ; les aider à bâtir un profil « attractif » etc.

Il peut également être très pertinent de définir une **charte d'usage des médias sociaux**, à l'usage des salariés, récapitulant les objectifs, les outils, les procédures ou les thématiques à aborder. Il s'agit alors d'une **formation interne du personnel** pour leur faire prendre conscience des enjeux de ces nouvelles plates-formes d'expression.

→ Bénéfices *corporate* (ie institutionnels) :
image de marque, communiqués, gestion de crise, veille =
le travail *invisible* des salariés
→ Vos salariés ont-ils conscience des enjeux de leurs discours sur internet?

---

[11] 15% des salariés utiliseraient facebook pour parler de leur entreprise ; 1 salarié sur 5 seulement émettant des opinions négatives (67% sont positifs). Les risques de licenciement sont connus depuis l'affaire Alten (2008 – licenciement pour faute grave).

In fine, on peut résumer les trois clés de l'e-réputation par le triangle ci-après :

Le triangle de l'e-réputation :
Vente, Emploi, Veille

1.3 – Les postulats de base de la communication web 2.0

Aujourd'hui, en France, beaucoup d'entreprises, souvent des PME, ne se sentent pas encore concernées par ce phénomène, leur degré de maturité vis à vis du web social dépendant étroitement de leur propre degré de maturité envers internet. Et il y a quelques postulats de base à connaître.

1.3.1 - Exister = produire pertinemment

Si vous voulez exister sur la Toile, vous ne pouvez vous contentez d'observer. Car vous
n'existerez pas. Et **exister veut dire produire**. Et produire tout le temps ; sans droit à l'oubli. Car si l'on peut « nettoyer » la Toile, cela ne signifie pas supprimer définitivement un document mais seulement le rendre moins visible pour les moteurs de recherche, à l'inverse, précisément, d'une stratégie de référencement. Il n'y a pas de droit à l'oubli sur internet, seulement peut-être quelques astuces pour « nettoyer » un profil.

Par ailleurs, si votre objectif est de devenir influent, produire ne suffira pas : il faudra produire, et régulièrement, du **contenu intéressant**. Typiquement, avoir un profil twitter n'est pas un but en soi mais un outil de partage de contenu. Vous ne serez suivi par d'autres profils que si vous publiez de l'information pertinente.

Inutile non plus de répondre systématiquement à toutes les remarques des internautes, il suffit de se concentrer sur celles qui « font du buzz ». L'arbitrage « humain » , par opposition au datamining[12] d'un logiciel, permet ici de décoder la tonalité d'un message. Ironie, double-sens, jeu de mots ne sont pas rares et appellent une réaction adaptée.

1.3.2 - Social links means honesty

Les discours trop commerciaux ne sont plus de mises sur internet, au profit d'une **communication du vrai**. Empathie, échange entre égaux sont les nouvelles valeurs de la communication web.

La gestion de l'e-réputation a effectivement longtemps été envisagée sous l'angle de la gestion de crise. En réalité, les situations de crise grave sont certainement moins nombreuses que les occasions de **tisser des relations positives avec les clients**. Quand des internautes critiquent, les autres *aiment*[13] ou recommandent. La gestion de l'e-réputation revient donc rapidement à la gestion de la relation client : satisfaction client/ qualité produit ; rien de plus classique…

J'aime

1.3.3 - L'instantanéité des échanges

Autre variable propre au support internet : le temps réel, l'instantanéité. Auparavant, une campagne de communication se préparait des mois à l'avance. Aujourd'hui, le community manager discute en direct, ou presque, avec ses clients et ce, worldwide[14]. Sans filet ni vrai recul sur l'impact potentiel d'une communication mal gérée. Une prise de risque supérieure, donc, mais un levier incontournable aujourd'hui du corporate et de la relation client.

---

[12] Analyse de données informatiques
[13] Icône 'j'aime' sur Facebook
[14] « Tout autour du monde »

La tentation est grande, par souci d'efficacité, par spontanéité, de réagir vite aux commentaires. Il faut en effet être réactif mais vigilance et réactivité ne sont pas synonymes de spontanéité. Au contraire, mieux vaut identifier son interlocuteur, quitte à l'isoler de la plate-forme communautaire, pour traiter un problème. Il faut donc être conseillé par un professionnel du sujet, au fait des tenants et aboutissant de la communication web, que d'essayer de faire cela seul. D'autant plus qu'investir le web social est chronophage, vite inconciliable avec une autre activité professionnelle.

Cela implique, de facto, une confiance totale entre la personne en charge de la communication web et la direction de l'entreprise, car elle s'exprime en nom et place de la société, ou de la marque, sur un support très médiatique.

> →Communication web : empathie, cohérence, honnêteté, sens ;
> →Pas de droit à l'oubli, engagement sur la durée ;
> → L'instantanéité (réalité) n'est pas la spontanéité (pièges).
> → Quels moyens allez-vous dédier à cette stratégie ?

Web 2.0 : NOUS sommes VOTRE entreprise !

> **Que faire en cas *d'attaque*, commentaire négatif, client mécontent ?**
>
> 1- Ne pas réagir dans l'urgence et surtout pas à la colère par la colère/indignation (utilisation de majuscules prohibée !)
>
> 2 - Identifier celui qui se cache derrière le commentaire : un salarié d'un concurrent voulant créer une polémique ? un vrai problème rencontré par un client ?
>
> 3 - Trouver une réponse adaptée, éventuellement en faisant l'interface avec le service concerné
>
> 4 - Ne jamais laisser un commentaire impactant sans réaction : l'absence de réaction peut être une réaction en soi et faire enfler la rumeur négative en quelques heures.
>
> 5 – Privilégier les échanges en *off*, en dehors de la plate-forme, par mails, pour traiter le problème en dehors de la vue de tout le monde.

2éme partie

Concevoir une stratégie d'e-réputation

2éme partie

Concevoir une stratégie d'e-réputation

2.1 – Démarche & positionnement

S'intéresser intellectuellement au web social est une chose, gérer une e-réputation en est une autre. S'appuyer sur un conseil paraît pour le moins inéluctable. Voici cependant la démarche à suivre.

2.1.1 -L'audit de présence numérique en 6 points

Avant de prendre la parole sur internet, mieux vaux écouter ce qui se dit sur soi. Un simple regard sur sa propre e-réputation via les moteurs de recherche (« me on the web » - Google Dasboard) ou via des adresses comme *e-réputation.org* ou *youseemii.fr* peut déjà donner un bref aperçu de sa présence web.

Mais envisager une stratégie web passe par un diagnostic d'image et de positionnement numérique, que l'on peut résumer en 6 points :

❶ Parle-t-on de mon entreprise/ma marque/mes produits sur le net ?
❷ Sur quels sites/quels blogs ?
❸ Quels sont les sujets influents abordés ?
❹ Mon image est-elle positive ?
❺ Quelle est l'évolution de mon image ?
❻ Comment surveiller mes concurrents ?

Le suivi de l'e-réputation doit être actualisé en permanence. Volumétrie des conversations, lieux d'échanges, profils sociologiques des internautes etc., c'est un vrai travail qui requiert l'activité d'une personne dédiée.

> → Qui, quand, où et comment parle-t-on de moi/mon entreprise/mes produits ?

2.1.2 – Les quatre marches de l'e-réputation

L'e-réputation comporte différents degrés, qui sont fonction de la maturité de l'entreprise sur le net. Schématiquement, on pourrait le comparer à un escalier comportant 4 marches. Chaque marche correspond à un positionnement de marque et à une stratégie de communication différente.

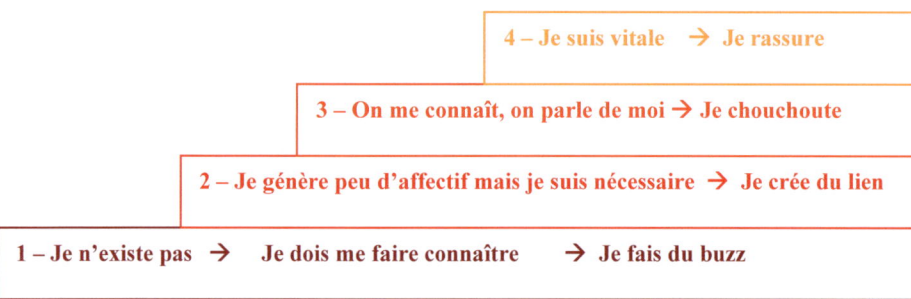

Cas n° 1 : Je suis une marque peu connue, quasi absente du web. Mon objectif est de faire en sorte que l'on parle de moi, positivement de préférence, de générer du trafic.

Cas n°2 : Je suis une marque « rationnelle », nécessaire à tous, mais générant peu d'affectif. Je suis, par exemple, un produit d'assurance ou de services (télécom, électronique, e-commerce…). Je souhaite maîtriser ma relation avec mes clients. Je vais donc chercher à créer du lien avec les internautes via les blogs, forums et lieux d'échanges. Je peux ainsi essayer de générer une image de marque ou d'entreprise (sympathique, dynamique, exigeante…).

Cas n°3 : Je suis connu, très connu ; je fédère spontanément et l'on parle beaucoup de moi, de par mon histoire ou mes produits (ex : Apple, Coca-Cola…). Le buzz est important, une opinion négative pourrait vite se répandre. Je vais donc chercher à « chouchouter » mes communautés en leur donnant la primeur sur certaines informations, en leur gratifiant des attentions (cadeaux…), en leur dédiant des animations (concours, gamification[15]…).

---

[15] La *gamification* est un principe qui vise à gratifier les internautes via des systèmes de récompense (badge, déblocage de fonctionnalités…) et de compétition entre utilisateurs.

Cas n°4 : Je suis vitale. Qu'on est le choix ou non, je fais partie de la vie des internautes (finances, santé, nutrition, énergie...) : Je rassure, j'ai un discours transparent.

Au fur et à mesure du développement de sa notoriété sur le Web, l'entreprise peut bien sûr passer d'une catégorie à l'autre.

> →A chaque entreprise, sa stratégie Web 2.0
> → Quel est votre positionnement ?

2.1.3 – Supports, objectifs et audiences

Une classification similaire vaut pour les supports de communication. Quel support pour quelle communication ?

Facebook : pourquoi une page Entreprise sur Facebook ? Pour construire une relation régulière avec ses clients ou prospects. Avec une exigence de transparence inhérente au format web. L'objectif immédiat n'est pas de vendre ses produits mais de bâtir une image d'entreprise, de construire une communauté et une identité de marque. Cela passera notamment par des exclusivités, des challenges, des annonces ciblées etc.

Twitter : le seul moyen de se développer sur le site de micro-blogging[16] est de produire du contenu intéressant. Si ce qui est publié n'intéresse personne, personne ne vous suivra ni ne vous lira. C'est le système de l'échange gagnant-gagnant.

Et il en est de même pour les autres réseaux et médias sociaux. Voici un tableau récapitulatif succinct et non exhaustif. Chaque réseau offre en effet une multitude d'outils qui sont autant d'opportunités de création de liens.

Illustration page suivante : Panorama succinct des médias sociaux

---

Le système génère de la notoriété, de l'engagement, de la fidélisation en rendant l'usage des services ludiques.
[16] Twitter permet de publier des commentaires limités à 140 caractères. D'où le terme de micro-blogging.

Réseau	Caractéristiques	Objectifs
Réseaux sociaux		
Facebook	2005 – n°1 mondial (nombre de connexion) acquisition d'Unyk (2009, Canada), de Tianji (2007, Chine) et d'Apna Circle (2009, Inde)	Incontournable pour le B2C, entretien et développement de la relation client (fidélisation). Multitude d'applications (sous le contrôle de Facebook[17])
Twitter	2006 – 1er réseau mondial de micro-blogging en temps réel. Relations presse	Veille, diffusion de contenu, génération de trafic instantané, information en temps réel.
LinkedIn	2003 – 1er réseau social professionnel international (>200 pays)	Salariés (70% de grands groupes), professions indépendantes, pages corporates (carrière)
Viadeo	2004 – Réseau pro français	Cadres, recherche d'emploi et recrutement ; fournisseurs/partenaires/prospects, promotion, compétences et services.
Instagram		Partage de photos
Pinterest		Partage de photos
Xing	2003 – Leader en Allemagne	Opportunités d'affaires, recrutement, promotion
+ **Stumbleupon** (découverte personnalisée de sites), **Digg** (découverte et partage de contenu), **Foursquare** (géolocalisation en temps réel), **Myspace** (contenu musical), **Internations** (expatriés), **EPWN** (100% féminin), **Digikaa** (professionnels du numérique), **Asmallworld** (VIP) **sandbox-network** (<30 ans), QQ (Chine), **Ecademy** (GB)…		
Medias sociaux		
You Tube	N°1 du partage de contenu en format vidéo	Approche audiovisuelle. Sert également de moteur de recherche. Démultiplicateur de visibilité.
Wat TV, Daily Motion …		

---

[17] Les entreprises exploitant les outils de promotion de Facebook doivent veiller au respect des conditions générales d'utilisation. L'enseigne KIABI (130 000 fans) s'est vue fermé sa page d'office.

2.2 – Quelles solutions choisir ?

2.2.1 - Les logiciels

Les sources à couvrir dans le cadre d'une analyse d'e-réputation sont relativement simples à identifier: blogs, Twitter, réseaux sociaux, forums, avis de consommateurs, web invisible[18] éventuellement.

Des solutions logicielles existent, qui passent soit par l'achat de la licence et son implantation dans le système d'information de l'entreprise, soit par une gestion en SaaS[19].
Ce sont aujourd'hui essentiellement des grands groupes qui les utilisent à des fins de veille, notamment : Dassault, L'Oreal et Pepsi utilisent *Radian 6*, Nissan et France Télévision le logiciel *Synthesio* ; la SNCF voyages, *Semantiweb* ; Avis Europe et Pfizer, *Social Media & Monitoring (SM2)* ; Airbus, *Biz 360*.

Ces logiciels offrent différentes fonctionnalités comme, entre autres :
• l'analyse (encore imparfaite à ce jour) de la tonalité des messages dans différentes langues ;
• l'extraction de données parmi une multitude de sources d'information : blogs, sites d'avis de consommateurs, forums… ;
• la réalisation de rapports de suivi personnalisables de réputation en ligne ;
• l'identification des fameux *influenceurs* ;
• etc.
Des versions Ipad ou Iphone sont parfois même disponibles pour suivre en permanence l'évolution du cours de son e-réputation. Le choix de telle ou telle solution dépend de ses objectifs et également de l'étendue de la couverture des sources.

---

[18] Le *Web invisible* correspond aux documents ou pages non indexés par les moteurs de recherche traditionnels (bases de données, sites protégés, annuaires, rapports d'études). Il est très nettement supérieur en taille, et en qualité d'informations par rapport au Web « visible ». C'est notamment là qu'on trouvera les publications scientifiques, techniques , professionnelles. Une politique active de veille stratégique peut difficilement faire l'impasse sur cette partie du Web, sauf à demeurer superficielle. Il n'est pas non plus nécessaire d'en faire le tour complet.
[19] SaaS ou *Sotware as a Service* (logiciel en tant que service). Concept crée au début des années 2000 et proposant un abonnement à un logiciel plutôt qu'un achat de licence. Avantages : déploiement rapide, pas d'appli sur le serveur de l'entreprise - inconvénients : formation du personnel, pb de confidentialité (serveur délocalisé).

> →La pertinence et la rentabilité d'une solution logicielle d'analyse de l'e-réputation dépend de votre degré de maturité à l'égard d'internet.

2.2.2 – Recruter ou Outsourcer

Les outils ont beau être de plus en plus performants, ils restent limités au datamining[20], à l'interprétation de données chiffrées et de caractères. Rien ne remplace l'interprétation humaine d'un texte. Créer son image, la corriger ou l'entretenir passera donc le plus souvent par le recrutement d'un community manager, chargé de dialoguer entre la marque et ses clients; de fédérer/animer une communauté d'ambassadeurs ou de fans de la marque. L'externalisation est également une opportunité intéressante pour se faire conseiller dans l'étape de création et de déploiement de sa stratégie (agence spécialisée dans l'e-relation). Mais, in fine, ayez à l'esprit de recruter un cadre : nul ne parlera mieux de vous que vous même…

Page suivante : profil, compétences et fonctions d'un community manager

---

[20] Analyse de données

Web 2.0 : NOUS sommes VOTRE entreprise !

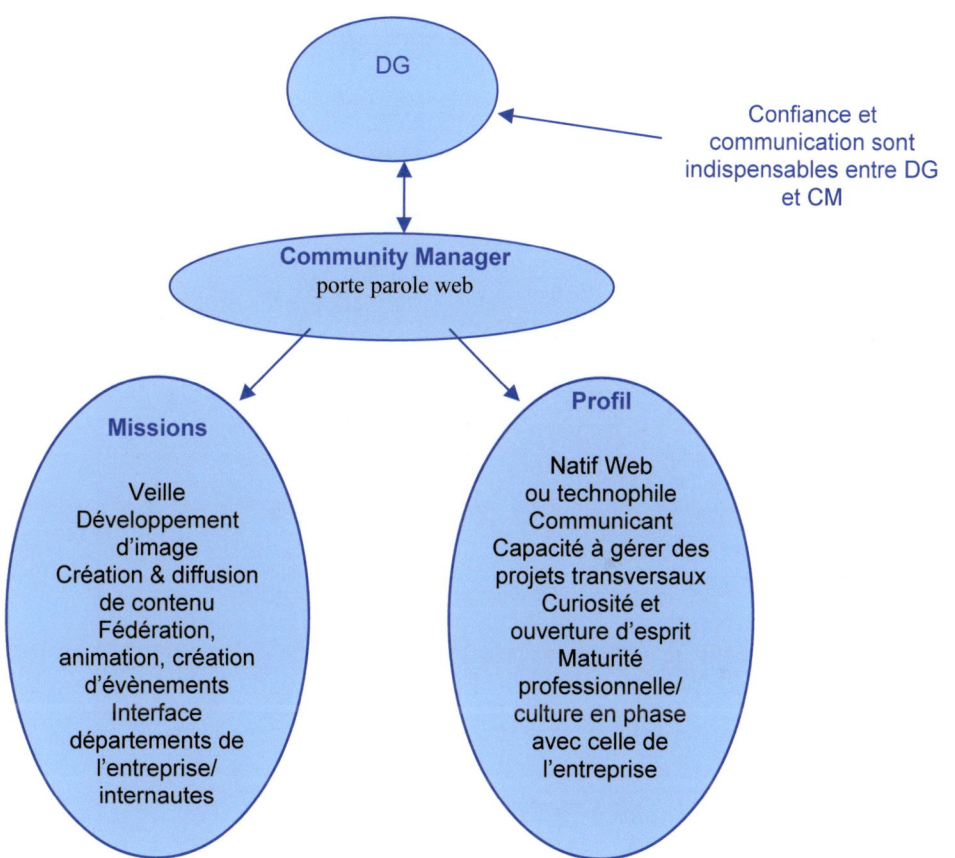

**Positionnement hiérarchique,
profil et missions du CM**

Voici, à titre d'exemple, une offre d'emploi d'une société d'e-commerce française parue en février 2012. La transversalité de la fonction et la collaboration nécessaire avec les autres services en interne apparaissent clairement.

> En collaboration avec les Responsables Emploi, accroître la qualité et la réactivité des recrutements par la mise en place **d'actions ciblées sur les réseaux sociaux**. Participer à la création et à la diffusion de contenus pour **développer notre marque employeur**. Développer les pratiques de **recrutement web.2.0** : participer à la mise en place d'une **stratégie de recherche candidats via les réseaux sociaux,** en collaboration avec les Responsables Emploi, sur nos différents métiers, prendre en charge une partie des approches directes sur la recherche de profils experts : pré-qualifications téléphoniques et présentation de short-list aux Responsables Emploi, constituer un vivier de candidats sur les postes récurrents **via les réseaux sociaux.**
>
> Participer au **développement de notre marque employeur** : créer et gérer une partie du contenu de notre site corporate en collaboration avec les Responsables Emploi, construire, développer et animer les différentes communautés métier **sur les réseaux sociaux**, mettre en place des événements spécifiques à chaque communauté.
>
> Réaliser un reporting régulier auprès des différents responsables emploi : mettre en place le suivi du ROI des actions menées sur les réseaux sociaux, assurer une veille de notre e-réputation, suivre l'actualité des pratiques concurrentes.

Aujourd'hui, en France, très peu de formations diplômantes de niveau bac+5 existent sur le marché, bien qu'elles se multiplient. L'une, à Toulouse, s'est ouverte en septembre 2011. L'autre, à Angers, ouvrira ses portes en septembre 2012[21]. Autant dire que les professionnels actuels sont des autodidactes, sensibilisés à ces questions par leur curiosité naturelle ou leur parcours professionnel.

Microsoft consacrerait un budget annuel de 500 000€ et une équipe de plusieurs personnes à la gestion de son e-réputation mais la marche est bien haute et inutile pour nombre d'entreprises. Les choses peuvent être faites plus modestement à la mesure de chacun.

> →Se faire conseiller pour le lancement de sa stratégie ;
> →Internaliser la compétence et veiller à la transversalité.

2.3 – Quel R.O.I[22] ?

Rien de plus évident que de vouloir mesurer la rentabilité de ses investissements. Cependant, le terme ROI paraît presque un OVNI dans la galaxie web.2.0 : comment monétiser une image de marque ? Peux-t-on réellement savoir ce que pensent les internautes avant et après une campagne ?

On peut utiliser des critères de mesure quantitatifs tels que le nombre de citations sur le Web, l'augmentation du nombre de clients après une campagne, le nombre de verbatim positifs, négatifs ou neutres. Mais au final, le vrai ROI d'une stratégie d'e-réputation ne se mesurera qu'à l'aune d'une épreuve : lancement d'un produit, collaboration avec des influents, crise éventuelle...Si votre e-réputation est aussi visible que vous le souhaitiez, que les internautes relaient vos messages et votre image de manière adéquate, alors votre investissement vous paraîtra rentable.

Même la déformation éventuelle d'un message peut être un bon indicateur de la portée de la campagne. Certaines affiches ou slogans sont ainsi parfois détournés de manières humoristiques. Sous réserve d'une certaine décence envers l'entreprise et ses salariés, ce détournement peut augmenter fortement la notoriété d'une marque.

---

[21] Inseec de Toulouse / master Web community Management et Réseaux ; Institut Mac Luhan – IRCOM d'Angers
[22] Return On Investment/ Retour sur Investissement. Certains utilisent le terme de Payback.

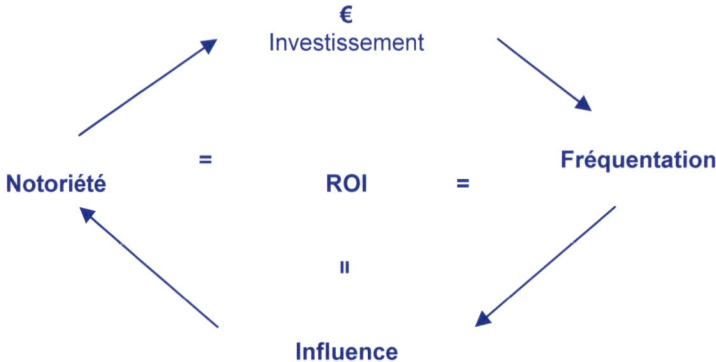

Le cercle vertueux du ROI

La perception est ici bien plus importante que les chiffres. Un ROI impactant sera de savoir que pour tant d'euros investis, vous avez influencé de telle manière la vision de tant d'internautes. La valeur temps est essentielle, ces actions devant être toutes mesurées sur le long terme.

Du coup, certains préféreront utiliser le terme de ROO (return on objective), se centrant sur la notoriété et l'image davantage que sur le taux de conversion entre les internautes qui suivent l'entreprise et ceux qui passent à l'acte d'achat.

ROI impactant = X €uros investis = X internautes touchés
– X internautes influencés
= X internautes « convertis »

En conclusion...

Il faut investir les médias sociaux, en

- Définissant ses objectifs (vente, sensibilisation, fidélisation)
- Choisissant ses communautés d'internautes et d'expression ;
- Demeurant en veille (marque, marché, concurrents, clients) ;
- Produisant régulièrement du contenu;
- Impliquant les salariés (Charte d'utilisation des médias sociaux);
- Dédiant une personne à cette activité.

Ajouter à cela les nouvelles valeurs du web social et l'indispensable transversalité de la fonction de community manager, il y a de quoi modifier en profondeur l'organisation traditionnelle de l'entreprise.

Cependant, les médias et réseaux sociaux sont comme un café du commerce : on y parle beaucoup. Si votre produit est de qualité et que votre discours est en harmonie, il n'y a aucune crainte à avoir mais uniquement des opportunités à créer. Les réseaux sociaux ramènent ainsi aux basiques de la relation client : un produit adapté et de qualité.

Sommaire des illustrations

- Exemples d'avatars — p.8
- Les différentes dimensions d'une stratégie d'e-réputation — p.9
- Le cycle de crédibilité d'un site — p.10
- Le triangle de l'e-réputation (VEV) — p.14
- Que faire en cas d'attaque, commentaire négatif, client mécontent ? — p.17
- Les 4 marches de l'e-réputation — p.20
- Panorama succinct des réseaux et médias sociaux — p.22
- Positionnement hiérarchique, profil et mission du Community Manager — p.25
- Petite annonce pour le recrutement d'un CM — p.26
- Le cercle vertueux du ROI — p.28

Bibliographie

Jean Vermeiren ; Bert Verdonck, « LinkedIn : Comment optimiser la puissance de votre réseau ? » Ma Editions, Novembre 2011
Edouard Fillias ; Alexandre Villeneuve « e-réputation : stratégies d'influence sur internet » Ellipses, Décembre 2010
Jean-François Ruiz : « Réussir avec les réseaux sociaux » Les guides réussite L'Entreprise, Express Roularta Editions, Paris, 2011
Le Journal du Net
Linkfluence.net
Wikipedia

L'auteur

Carine Holle Bonnisseau est de formation Droit/sciences-Po Paris. Blogger et manager projet auprès de différentes entreprises, elle dirige aujourd'hui le cabinet de conseil et formations *Valeur Ajoutée Web* et propose des prestations autour de la gestion de l'e-relation, telles que vues dans cette étude :
- audit de présence numérique,
- diagnostic d'image ;
- sélection des supports ;
- construction et promotion d'image ;
- veille;
- formation interne (charte d'usage des médias sociaux...)
- sélection de solution logicielle
- et toute autre prestation liée à la gestion de l'image et à la présence web.

Contact : carine.holle@yahoo.fr
http://www.valeurajouteeweb.fr